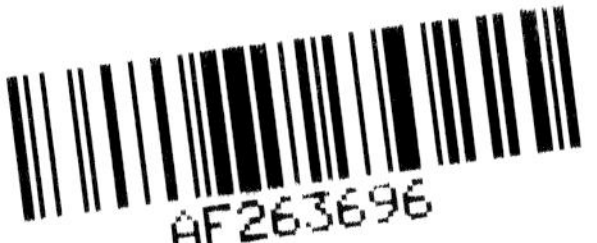
AF263696

Contents

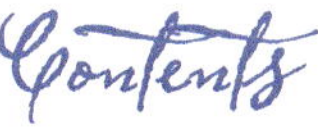